LE LIVRE DES GRANDES INFUSIONS DE BIÈRE 2 EN 1

100 recettes TENTANTES

AVA NIAMH, ESME PENELOPE

Tous les droits sont réservés.

Avertissement

Les informations contenues i sont destinées à servir de collection complète de stratégies sur lesquelles l'auteur de cet eBook a effectué des recherches. Les résumés, stratégies, trucs et astuces ne sont que des recommandations de l'auteur, et la lecture de cet eBook ne garantit pas que les résultats reflètent exactement les résultats de l'auteur. L'auteur du livre électronique a fait tous les efforts raisonnables pour fournir des informations à jour et exactes aux lecteurs du livre électronique. L'auteur et ses associés ne sauraient être tenus responsables de toute erreur ou omission involontaire qui pourrait être constatée. Le contenu du livre électronique peut inclure des informations provenant de tiers. Les documents de tiers comprennent les opinions exprimées par leurs propriétaires. En tant que tel, l'auteur du livre électronique n'assume aucune responsabilité pour tout matériel ou opinion de tiers.

Le livre électronique est protégé par copyright © 2021 avec tous droits réservés. Il est illégal de

CONCLUSION..116

INTRODUCTION...122

BIÈRES MAISON..124

POUR L'AMOUR DE LA BIÈRE : ASSORTIR BIÈRE ET NOURRITURE

50 PARFAITEMENT ÉQUILIBRÉ RECETTES

AVA NIAMH

TABLE OF CONTENTS

INTRODUCTION

Les bières avec leur goût sucré, grillé, malté ou de noisette peuvent ajouter de la profondeur aux plats du petit-déjeuner aux collations, en passant par les desserts et les plats principaux. . Et ne vous inquiétez pas de vous saouler - pratiquement tout l'alcool s'évapore pendant le processus de cuisson. Ces plats amèneront vos invités à se demander quel est l'ingrédient secret (et à revenir pour plus !).

Différentes bières se marient bien avec différents aliments, il est donc important d'apprendre les différences de goût avant d'aller en cuisine. La bière peut être divisée en deux groupes principaux : les ales et les lagers. La bière, la bière originale, est brassée de manière à produire des saveurs fruitées et terreuses. Les bières blondes utilisent des systèmes de brassage plus modernes pour être plus légères et plus sèches. Chaque type de bière a une saveur distinctement différente qui se marie bien avec certains aliments. Ci-dessous, vous trouverez une ventilation de plusieurs types courants et quelques recettes qui utilisent chacun d'eux.

Bières de blé

Les bières de blé sont pâles, souvent non filtrées (donc troubles), et ont des saveurs fruitées, moelleuses et croquantes, bien assorties aux salades et au poisson.

Pale Ale et Bitter

Son croquant coupe magnifiquement les viandes riches et grasses comme le gibier. La bière blonde est plus forte, avec une carbonatation plus vivifiante, et se marie bien avec tout, du pain et du fromage au fish and chips.

Porter

Elle est moins grillée que la stout et moins amère que la pale ale, et elle relève particulièrement bien les saveurs des ragoûts.

bière

La Stout fait ressortir les saveurs de tout, des crustacés aux ragoûts. En raison de ses notes distinctes de café et de chocolat, il est également parfait pour se fondre dans de riches desserts.

PLATS INFUSÉS

1. Ragoût de boeuf aux légumes racines

Rendement : 6 portions

Ingrédient

- 2 livres de viande de ragoût de boeuf

- 1 cuillère à soupe de thym sec

- 1 cuillère à soupe de romarin sec

- $\frac{1}{4}$ tasse d'huile végétale

- 2 cuillères à soupe de beurre

- 1 tasse d'oignons ; épluché et coupé en dés

- $\frac{1}{4}$ tasse de farine

- 12 onces de bière brune

- 1 pinte   Bouillon de boeuf chaud

- $\frac{1}{2}$ tasse de tomates concassées

- 2 cuillères à café de sel et 2 cuillères à café de poivre

- 1 tasse de carottes et de céleri épluchés et coupés en dés

- 1 tasse de rutabaga pelé et coupé en dés

- 1 tasse de panais pelés et coupés en dés

Dans une grande casserole, porter à ébullition et réduire le feu pour laisser mijoter doucement.
Cuire $\frac{3}{4}$ d'heure.

2. Haricots rouges à la bière ambrée d'Alaska

Rendement : 6 portions

Ingrédient

- 1 livre Haricots rouges; cuit

- ½ livre de jambon ; en dés

- ½ livre de saucisses Hot Link ; en dés

- 3 moyennes piments Jalapeño Chili

- 1 oignon moyen ; en dés

- 1 cuillère à soupe d'assaisonnement créole

- 2 Bouteilles de bière ambrée d'Alaska

- $\frac{1}{2}$ tasse de céleri ; en dés

- $\frac{1}{2}$ tasse de poivron rouge ; en dés

Dans une mijoteuse ou une casserole lourde de 3 pintes, placez tous les ingrédients sauf les haricots à ébullition et laissez mijoter pendant une heure ou deux. Ajouter les haricots et laisser mijoter encore une heure ou deux.

N'utilisez pas d'assaisonnement créole à base de sel. La saucisse et le jambon fournissent du sel, et plus peuvent être ajoutés à la table.

Ajouter des poivrons supplémentaires si désiré. Servir avec du riz. Égoutter les haricots et remplir d'eau pour couvrir et laisser mijoter jusqu'à tendreté.

3. Poitrine braisée à la bière et au chili

Rendement : 1 portion

Ingrédient

- 2 Gousses d'ail; haché

- 2 cuillères à café de cumin moulu

- ¼ cuillère à café de cannelle

- ¼ tasse Plus 1 Tbs. cassonade

- 5 livres de poitrine

- 2 gros oignons ; couper en quartiers

- 1 tasse de bière brune ; ou gros

- 3 cuillères à soupe de pâte de tomate

- 1 cuillère à soupe de piments chipotle en conserve

- 10 petites pommes de terre rouges; coupé en deux

- $\frac{1}{2}$ livre de mini carottes

Bien mélanger les 3 premiers ingrédients. Frotter la poitrine avec le mélange d'épices pour couvrir et placer sur du papier d'aluminium.

Placer les quartiers d'oignon sur la viande. Mélanger les 3 ingrédients suivants et le reste de la cassonade dans un bol. Verser sur la viande.

Arroser la viande de jus de cuisson et cuire encore une heure.

Ajouter les pommes de terre et les carottes dans la poêle. Cuire environ 1h30, à découvert.

4. Poulet à la bière et bretzels-Perdue

Rendement : 4 portions

Ingrédient

- 1 poulet Perdue, découpé

- ⅓ tasse de farine

- 1 cuillère à café de paprika

- 2 cuillères à café de sel

- cuillère à café de gingembre

- ¼ cuillère à café de poivre

- ½ tasse de bière

- 1 oeuf

- $\frac{1}{2}$ tasse de bretzels finement écrasés

- $\frac{1}{4}$ tasse de parmesan râpé

- $\frac{1}{4}$ tasse de miettes de bacon écrasé

- 1 cuillère à soupe de flocons de persil séché

Mélanger la farine, le paprika, le sel, le gingembre et le poivre dans un saladier. Ajouter la bière et l'œuf.

Mélanger les bretzels écrasés, le parmesan, les morceaux de bacon et le persil dans un sac en plastique. Tremper les morceaux de poulet et secouer pour enrober.

Cuire au four, couvert, à 350 F pendant 30 minutes

5. Poulet à la bière

Rendement : 4 portions

Ingrédient

- 1 tasse de farine non tamisée

- 1 cuillère à soupe de paprika

- ½ cuillère à café de sel

- 1 pinte l'huile de maïs

- 1 tasse de bière

- 3 livres de poulet, coupé en morceaux

Dans un grand bol, mélanger les 3 premiers ingrédients. Verser l'huile de maïs dans 3 pintes lourdes. casserole ou friteuse, ne remplissant pas plus de ⅓ plein.

Chauffer à feu moyen à 375 degrés

Au moment de faire frire, incorporer graduellement la bière au mélange de farine jusqu'à consistance lisse. Tremper le poulet, 1 morceau à la fois, dans la pâte; secouer l'excès.

Frire quelques morceaux à la fois; en retournant de temps en temps, 6 à 8 minutes ou jusqu'à ce qu'il soit doré et que le poulet soit tendre. Égoutter sur du papier absorbant. Garder au chaud pendant la friture des morceaux restants.

6. Alevins de poisson à la bière

Rendement : 1 portion

Ingrédient

- 1 tasse de bisquick

- 1 cuillère à café de sel

- 4 6 onces de bière

- ⅓ tasse de farine de maïs

- ¼ cuillère à café de poivre

- 2 livres de filets de poisson

Mélanger les ingrédients secs et ajouter de la bière pour obtenir une consistance collante pour la trempette. Salez le poisson et plongez-le dans la pâte. Faire frire à 375 degrés jusqu'à ce que le poisson soit doré.

7. Frites de plie à la bière

Rendement : 1 portion

Ingrédient

- 1 tasse de bisquick
- 1 cuillère à café de sel
- 4 6 onces de bière
- ⅓ tasse de farine de maïs
- ¼ cuillère à café de poivre
- 2 livres de filets de poisson

Mélanger les ingrédients secs et ajouter de la bière pour obtenir une consistance collante pour la trempette. Salez le poisson et plongez-le dans la pâte. Faire frire à 375 degrés jusqu'à ce que le poisson soit doré.

8. Pâte à la bière pour poulet frit

Rendement : 1 portion

Ingrédient

- ⅔ tasse de farine

- ½ cuillère à café de sel

- ⅛ cuillère à café de poivre

- 1 Jaune d'œuf; battu

- tasse de bière plate

Mélanger les ingrédients secs et réserver. Battre
le jaune d'œuf et ajouter lentement la bière.

Ajoutez-le progressivement au mélange sec.
Mouiller le poulet. Tremper dans la farine
assaisonnée puis tremper dans la pâte. Tremper à
nouveau dans la farine assaisonnée. Frire

9. Pâte à la bière pour crevettes et légumes

Rendement : 1 portion

Ingrédient

- 2 tasses de farine

- 2 tasses de bière

- Huile; pour la friture

- Farine de saison; pour le dragage

- Crevette; épluché, déveiné

- Lanières de courgettes

- Fleurons de brocoli

Dans un bol avec la farine, incorporer la bière, une petite quantité à la fois. Ajoutez plus de bière si nécessaire. Passer la pâte à travers une passoire et laisser reposer une heure. Vérifiez la consistance souhaitée et ajoutez plus de bière si nécessaire.

Dans une casserole profonde, chauffer l'huile à 360 degrés. Tremper l'article à frire dans de la farine assaisonnée, puis le tremper dans la pâte à bière. Frire jusqu'à ce qu'il soit doré. Retirer sur une assiette tapissée d'essuie-tout. Sers immédiatement.

10. Sole frite à la bière

Rendement : 1 portion

Ingrédient

- 2 livres de filet de sole

- $\frac{3}{4}$ tasse de farine

- 1 cuillère à café de levure chimique

- $\frac{1}{2}$ cuillère à café de poudre d'oignon

- $\frac{1}{8}$ cuillère à café de poivre blanc

- $\frac{1}{2}$ tasse de bière

- 2 Oeufs, sauce tartare à l'huile végétale battue

La pâte de ce plat de poisson frit est légère et croustillante avec une délicate saveur de bière. D'autres filets de poisson peuvent remplacer la sole.

Essuyez le poisson avec du papier absorbant. Coupez chaque morceau en deux dans le sens de la longueur.

Mélanger les ingrédients secs. Mélanger la bière avec les œufs et 2 cuillères à soupe d'huile et ajouter aux ingrédients secs. Remuer juste jusqu'à ce qu'il soit humide. Chauffer $\frac{1}{4}$ de pouce d'huile dans une poêle

Tremper chaque morceau de poisson dans la pâte, bien enrober. Faire frire jusqu'à ce qu'ils soient dorés des deux côtés. Servir avec une sauce tartare. Faire 6-8 portions.

11. Légumes frits à la bière

Rendement : 4 portions

Ingrédient

- Huile

- 1 Enveloppe Mélange à soupe à l'oignon doré

- 1 tasse de farine tout usage non blanchie

- 1 cuillère à café de levure chimique

- 2 Gros oeufs

- ½ tasse de bière, toute bière régulière

- 1 cuillère à soupe de moutarde préparée

Dans une friteuse, chauffer l'huile à 375 degrés F. Pendant ce temps, dans un grand bol, battre le mélange de soupe à l'oignon doré, la farine, la poudre à pâte, les œufs, la moutarde et la bière jusqu'à consistance lisse et bien mélangée. Laisser reposer la pâte 10 minutes. Tremper les Veggies 'n' Things suggérés dans la pâte, puis déposer délicatement dans l'huile chaude.

Faire frire, en retournant une fois, jusqu'à ce qu'ils soient dorés; égoutter sur du papier absorbant. Servir chaud.

12. Poulet à la bière mexicaine

Rendement : 1 portion

Ingrédient

- 1½ livres morceaux de poulet

- 2 Poivrons verts coupés en fines tranches

- 1 moyen Oignon coupé en fines tranches

- 1 Gousse d'ail hachée

- 1 grosse tomate hachée

- 2 cuillères à soupe Huile

- 1 Canette de bière

- Sel poivre

Chauffer l'huile dans une casserole. Saupoudrer de sel et de poivre sur le poulet, placer dans l'huile et faire frire chaque morceau de poulet de chaque côté jusqu'à ce qu'il soit légèrement doré, retirer le poulet et réserver. Dans la même huile, faire revenir les oignons, les poivrons verts, les tomates et l'ail pendant environ 2 à 5 minutes. Ajouter le poulet et la bière, porter à ébullition, réduire le feu et laisser cuire jusqu'à ce que le poulet soit cuit et que la bière soit presque absorbée. Ne le laissez pas sécher. Servir avec un accompagnement de riz.

13. Flétan à la bière

Rendement : 1 portion

Ingrédient

- quelques kilos de flétan

- assez d'huile de cuisson pour permettre la friture

- 1 tasse de farine

- une bouteille de bière de 12 onces

- 1 cuillère à soupe de paprika

- 1 1/2 cuillère à café de sel

Pour cette pâte, les bières de bonne qualité et de couleur claire fonctionnent le mieux. La saveur des bières brunes est trop forte.

Couper le flétan en morceaux de 1 pouce d'épaisseur. Chauffer l'huile dans une friteuse à 375 degrés F. Faire la pâte en combinant les ingrédients restants. Tremper le flétan dans la pâte et déposer les morceaux dans l'huile chaude quelques-uns à la fois. Cuire les morceaux de poisson jusqu'à ce que la pâte soit dorée ~ quelques minutes seulement. Le flétan cuit trop facilement, alors essayez de ne pas en faire trop. Retirer les morceaux de poisson de l'huile et les égoutter sur du papier absorbant; servez bien chaud avec vos accompagnements préférés.

14. Fish and chips dans une pâte à la bière

Rendement : 1 portion

Ingrédient

- 1½ livres de filets de cabillaud

- ⅓ tasse Jus de citron frais

- ½ Gros oignon blanc émincé

- Sel au goût

- Poivre à goûter

- 6 pommes de terre moyennes

- Huile végétale

Pâte à la bière

- ½ tasse de farine

- 1 cuillère à café de paprika

- poivre de Cayenne

- Vinaigre de malt (facultatif)

Couper le poisson en morceaux de service et placer dans un bol plat. Saupoudrer le poisson de jus de citron, d'oignon, de sel et de poivre au goût, laisser mariner 1 heure. Lavez et épluchez les pommes de terre ; couper en lamelles & rincer à l'eau froide : bien égoutter. Faire frire les pommes de terre dans de l'huile profonde chauffée à 375 jusqu'à ce qu'elles soient presque tendres; égoutter et étendre sur du papier absorbant. Tamiser ensemble la farine, 1 c. sel, poivre et poivre de Cayenne au goût dans un plat plat; saupoudrer le poisson dans la farine. Tremper le poisson dans la pâte à bière et faire frire jusqu'à ce qu'il soit doré et croustillant.

15. Champignons à la bière

Rendement : 4 portions

Ingrédient

- 24 chacun Champignons

- 1 chaque paquet de mélange de pâte

- 1 tasse de bière

Lavez les champignons et coupez les tiges, mais ne retirez pas complètement la tige entière.

Faites chauffer de l'huile dans une friteuse, comme un "Fry-Daddy" ou une poêle profonde avec suffisamment d'huile pour couvrir

Mélangez la pâte selon les instructions sur l'emballage, mais utilisez de la bière sous forme liquide au lieu de l'eau ou du lait.

Faites-les frire jusqu'à ce qu'ils soient dorés et égouttez-les sur du papier absorbant.

16. Cassolette de pommes de terre gratinées à la bière

Rendement : 8 portions

Ingrédient

- 4 grosses pommes de terre Russet avec peau

- 1 tasse d'oignon tranché

- 1½ cuillère à café de sel

- 1 cuillère à café de sel d'ail

- 2 cuillères à café de paprika

- 2 cuillères à soupe de farine tout usage

- 2 cuillères à café de sucre

- 4 cuillères à soupe de margarine

- 1 livre de fromage suisse, râpé

Épluchez les pommes de terre et coupez-les en tranches de $\frac{1}{8}$ de pouce. Couche une casserole beurrée avec $\frac{1}{4}$ de pommes de terre réparties uniformément dans le plat. Saupoudrer les pommes de terre avec $\frac{1}{4}$ d'oignons.

Mélanger dans un petit bol le sel, le sel d'ail, le sucre, le paprika et la farine. Bien mélanger. Saupoudrer 2 $\frac{1}{2}$ cuillères à café de ce mélange uniformément sur la première couche.

Parsemer d'1 cuillère à soupe de beurre coupé en morceaux. Continuez la procédure pour 3 autres couches. Verser la bière sur la casserole et garnir de fromage râpé. Cuire au four à 350 pendant 1 heure.

17. Riz sauvage à la bière

Rendement : 4 portions

Ingrédient

- ½ livre de riz sauvage

- 1 canette de bière (12 oz)

- 6 tranches   Lard

- 1 petit oignon, haché

- 1 boîte de bouillon de boeuf

- 1 boîte de crème de champignons

Faire tremper le riz sauvage dans la bière pendant la nuit. Dans une poêle, faire revenir le bacon. Retirer le bacon; émietter. Faire revenir l'oignon dans 1 à 2 cuillères à soupe de graisse de bacon

Mélanger le riz égoutté, le bouillon de bœuf, la soupe aux champignons, le bacon émietté et l'oignon sauté. Verser dans une casserole beurrée de 2 pintes. Couverture. Cuire au four à 350 degrés pendant une heure. Dévoiler. Cuire au four pendant 30 minutes.

18. Crabes à carapace molle en pâte à la bière

Rendement : 6 portions

Ingrédient

- 12 Crabes, doux

- 12 onces de bière ; chaud

- 1¼ tasse de farine

- 2 cuillères à café de sel

- 1 cuillère à café de paprika

- ½ cuillère à café de levure chimique

Verser la bière dans le bol à mélanger; ajouter la farine puis le reste des ingrédients. Bien mélanger. Préparez la pâte au moins 1h30 avant utilisation car elle s'épaissira au repos. Saupoudrer légèrement les crabes dans la farine; tremper individuellement dans la pâte.

Faites frire à 360 degrés pendant 2 à 5 minutes selon la taille. Les crabes doivent être dorés. Égoutter et servir.

19. Lanières de poulet en pâte à dîner

Rendement : 1 portion

Ingrédient

- 1 canette (12 onces) de bière

- 2 Des œufs

- $1\frac{1}{2}$ tasse de farine

- 4 gouttes   Colorant alimentaire couleur œuf

- Sauce à la moutarde au miel

- 1 livre de filets de poitrine de poulet

- $\frac{1}{4}$ tasse de moutarde de Dijon

- $\frac{3}{4}$ tasse de miel

- $\frac{1}{4}$ tasse de mayonnaise

Mélanger la bière, les œufs et le sel dans un bol. Incorporer la farine, ajouter de la farine supplémentaire si nécessaire. Ajoutez du colorant alimentaire.

Préparez la trempette à la moutarde au miel.

Lorsque vous êtes prêt à cuire, préchauffez $1\frac{1}{2}$ à 2 pouces d'huile dans une casserole profonde ou une friteuse à 350 degrés. Sortir la pâte du réfrigérateur et bien mélanger.

Enrober les lanières de poulet dans la pâte, puis les mettre doucement dans l'huile avec des pinces pour que les lanières flottent.

20. Poulet frit à la bière au wok

Rendement : 6 portions

Ingrédient

- 3 À 3 1/2 - lbs. poulet

- 2 tasses de farine

- 2 cuillères à café de levure

- 1 cuillère à café d'estragon, frit

- $\frac{1}{4}$ cuillère à café CHACUN ; sel et poivre

- 1 Œuf battu

- 1 12 oz de bière en canette

Faire mijoter le poulet dans de l'eau légèrement salée pendant 25 minutes.

Testez le wok pour une température correcte avec un cube de pain. Il doit dorer en 60 secondes. Mélanger la farine, la levure chimique, l'estragon, le sel et le poivre. Ajouter l'oeuf battu et la bière. Remuer jusqu'à consistance de crème. Tremper le poulet dans la pâte quelques morceaux à la fois. Laisser égoutter l'excédent de pâte.

Cuire le poulet 5 à 7 minutes, en le retournant une fois, jusqu'à ce qu'il soit bien doré. Égoutter et garder au chaud.

21. Côtelettes de porc marinées à la bière teriyaki

Rendement : 6 portions

Ingrédient

- ⅔ tasse de sauce soja

- ¼ tasse de Mirin

- Ou du sherry doux

- ¼ tasse de vinaigre de cidre

- ⅓ Sucrier

- 2 cuillères à soupe de gingembre frais

- ⅔ tasse de bière (pas foncée)

- 6 Côte ou longe d'un pouce d'épaisseur

- Côtes de porc

Dans une casserole, mélanger la sauce soja, le mirin, le vinaigre, le sucre, la racine de gingembre et la bière, laisser mijoter le mélange jusqu'à ce qu'il soit réduit à environ 1⅓ tasses.

Dans un plat de cuisson peu profond assez grand pour contenir les côtelettes de porc en une seule couche, mélanger les côtelettes de porc et la marinade, en retournant les côtelettes pour bien les enrober, et laisser mariner les côtelettes.

Griller les côtelettes de porc sur une grille huilée à environ 4 pouces sur des charbons ardents, en les arrosant de marinade.

22. Côtelettes d'agneau à la bière et sauce moutarde

Rendement : 4 portions

Ingrédient

- 8 Côtelettes d'agneau d'environ 3 onces chacune

- 2 Gousses d'ail, pelées et coupées en ha

- 1 cuillère à café d'huile végétale

- Sel et poivre au goût

- 1 tasse de bouillon de boeuf

- 1 Bouteille (12 onces) de bière

- 1 cuillère à soupe de mélasse

- 1½ cuillère à soupe de moutarde en grains

- 1 cuillère à café de fécule de maïs

Frotter les côtelettes d'agneau avec l'une des moitiés d'ail, puis badigeonner légèrement les côtelettes d'huile et assaisonner de sel et de poivre.

Ajouter l'agneau dans une poêle

Pendant ce temps, verser le bouillon de bœuf et 1 tasse de bière dans la poêle; incorporer la mélasse et l'ail restant. Porter à ébullition.

Dans un petit bol, mélanger la fécule de maïs et le reste de la bière. Ajouter à la sauce dans la casserole et fouetter jusqu'à ce qu'elle épaississe légèrement. Combiner

23. Calmars à la bière

Rendement : 4 portions

Ingrédient

- $2\frac{1}{2}$ livres de calmar

- $1\frac{1}{2}$ tasse de farine de seigle

- 1 cuillère à soupe d'huile d'arachide

- Sel et poivre au goût

- 12 onces de bière

- 5 Blancs d'œufs battus raides mais pas secs

- 4 tasses d'huile végétale

- 2 bouquets de persil frisé

Dans un bol, mélanger la farine, 1 c. l'huile d'arachide, le sel et le poivre et fouetter pour combiner. Incorporer la bière petit à petit. Incorporer délicatement les blancs d'œufs. Chauffer l'huile dans une friteuse à 375 F. Plonger les tentacules des anneaux de calmar dans la pâte et les faire frire dans la graisse profonde pendant 2 minutes et demie. Égoutter sur du papier absorbant. Garder au chaud. Séchez très bien le persil et placez-le dans la graisse profonde pendant 20 secondes. Égoutter sur des serviettes.

Disposer l'anneau de calamars sur un grand plat et garnir de persil.

24. Boeuf braisé à la bière en mijoteuse

Rendement : 6 portions

Ingrédients:

- 3 livres de viande de ragoût de bœuf maigre coupée en morceaux

- 1 cuillère à café de sel

- $\frac{1}{2}$ cuillère à café de poivre

- 2 oignons moyens, tranchés finement

- 1 8 oz de champignons en boîte

- 1 12 oz canette de bière

- 1 cuillère à soupe de vinaigre

- 2 cubes de bouillon de boeuf

- 2 cuillères à café de sucre

- 2 gousses d'ail, hachées

- 1 cc de thym

- 2 feuilles de laurier

Mettez le boeuf dans la mijoteuse. Mélanger tous les autres ingrédients et verser sur le bœuf. Cuire à feu doux pendant 8 à 10 heures ou à intensité élevée pendant 4 à 5 heures. Avant de servir, épaissir les jus si désiré. Joyce dit qu'elle utilise de la farine ou de la fécule de maïs pour ce faire.

25. Crevettes grillées à la bière

Rendement : 1 portion

Ingrédient

- $\frac{3}{4}$ tasse de bière

- 3 cuillères à soupe d'huile

- 2 cuillères à soupe de persil

- 4 cuillères à café de sauce Worcestershire

- 1 Gousse d'ail, sel et poivre émincés

- 2 livres de grosses crevettes, en carapace

Mélanger la bière, l'huile, le persil, la sauce Worcestershire, l'ail, le sel et le poivre. Ajouter les crevettes, remuer et couvrir. Mariner pendant 60 minutes.

Égoutter, réserver la marinade

Placer les crevettes sur une grille bien graissée; griller pendant 4 minutes, à 4-5 pouces de la flamme. Tourner et brosser; griller 2 à 4 minutes de plus ou jusqu'à ce qu'il soit rose vif.

26. Piment à la bière

Rendement : 1 portion

Ingrédient

- 1 livre Combo boeuf ou boeuf/porc

- ¼ tasse de poudre de chili

- 2 cuillères à café de cumin moulu

- 1 cuillère à café d'ail en poudre

- 1 cuillère à café d'origan

- 1 cuillère à café de Cayenne ou au goût

- 1 boîte (8 oz) de sauce tomate

- 1 canette de bière

- ½ Oignon; en dés

Faites cuire l'oignon dans un peu d'huile jusqu'à ce qu'il soit translucide à feu moyen, ajoutez la viande et faites revenir à feu vif et brunissez pendant environ deux minutes, baissez le feu à moyen et ajoutez les épices d'un seul coup et mélangez pour faire ressortir les saveurs des épices séchées, ajoutez maintenant sauce tomate et cuire quelques minutes en faisant ressortir les saveurs de la sauce tomate en cuisant quelques minutes.

Maintenant, ajoutez la bière, portez à ébullition et laissez mijoter pendant environ 1 heure ou plus.

27. salami à la bière

Rendement : 10 livres

Ingrédient

- 3 livres de poitrine de bœuf salé, en cubes

- 7 livres de jambon, en cubes, gras inclus

- $1\frac{1}{2}$ cuillère à soupe de poivre noir

- 1 cuillère à soupe de macis moulu

- $1\frac{1}{2}$ cuillère à soupe de graines de moutarde concassées

- 2 cuillères à café d'ail, émincé finement

- 4 Pieds de gros boyaux de boeuf

Commencez à fumer à environ 80 degrés et augmentez progressivement la température à 160. Cela devrait prendre environ 4 heures. Fumez 2 heures supplémentaires.

Refroidir en plongeant dans une casserole d'eau froide (pas froide) pendant environ 5 minutes jusqu'à ce qu'elle soit froide au toucher. Séchez soigneusement le salami et conservez-le au réfrigérateur.

28. Saucisse polonaise pochée à la bière

Rendement : 4 portions

Ingrédient

- 12 onces de bière

- 1 saucisse de Kielbasa, 1 1/4 lb.

- 1 huile végétale

- 1 jus de 1 citron

Préchauffer le gril. Placez la bière dans une poêle assez grande pour contenir la saucisse. Chauffer à ébullition; baisser la température. Piquer le saucisson et le pocher délicatement dans la bière 4 minutes de chaque côté. Drainer.

Si vous utilisez des chips ou des morceaux prétrempés ou d'autres arômes, saupoudrez-les sur le charbon chaud ou la roche d'un gril à gaz. Badigeonner légèrement la grille d'huile. Badigeonner légèrement la saucisse d'huile.

Griller à feu moyen-vif pendant 5 minutes de chaque côté. Servir : renverser la saucisse au centre ou couper en quartiers épais. Arrosez de jus de citron avant de servir.

29. Riz à la bière

Rendement : 6 portions

Ingrédient

- ½ tasse d'oignons hachés

- ½ tasse de poivrons verts ; haché

- ½ tasse de beurre ; fondu

- 2 Cubes Bouillon de Poulet Cube

- 2 tasses d'eau bouillante

- 1 tasse de riz ; non cuit

- $\frac{3}{4}$ tasse de bière

- $\frac{1}{2}$ cuillère à café de sel

- $\frac{1}{4}$ cuillère à café de poivre

- cuillère à café de thym moulu

Faire revenir l'oignon et le poivron vert dans le beurre jusqu'à tendreté

Dissoudre le bouillon dans l'eau bouillante; ajouter au mélange d'oignons et de poivrons verts.

Incorporer la bière et l'assaisonnement. Couvrir et laisser mijoter à feu doux 30 à 40 minutes ou jusqu'à ce que tout le liquide soit absorbé.

30. Salade de pommes de terre à la bière

Rendement : 8 portions

Ingrédient

- 3 livres de pommes de terre

- 2 tasses de céleri en dés

- 1 petit oignon, haché

- Le sel

- 1 tasse de mayonnaise

- 2 cuillères à soupe de moutarde préparée

- $\frac{1}{4}$ cuillère à café de sauce au piment fort

- $\frac{1}{2}$ tasse de bière

- 2 cuillères à soupe de persil haché

La bière ajoutée à la vinaigrette rend cette salade de pommes de terre remarquable.

Cuire les pommes de terre dans la peau jusqu'à ce qu'elles soient tendres. Une fois refroidi, épluchez et coupez en dés. Ajouter le céleri et l'oignon et assaisonner au goût avec du sel. Mélanger la mayonnaise avec la moutarde et la sauce au piment fort. Incorporer graduellement la bière. Ajouter du persil.

Verser sur le mélange de pommes de terre. Mélanger légèrement à la fourchette. Froideur.

31. Poitrine de boeuf sur riz sauvage

Rendement : 8 portions

Ingrédient

- 2½ livres de poitrine de bœuf fraîche

- 1 cuillère à café de sel

- ¼ cuillère à café d'ail en poudre

- 1   Bouteille (12 oz) de bière

- 2   Méd. Tomates Mûres, Tranchées

- ½ tasse d'oignon en dés

- 1 cuillère à café de poivre

- 1   Bouteille (12 oz) de sauce chili

- Riz Sauvage Amandine

- Brins de persil

Placer la poitrine de bœuf, côté gras vers le bas, dans une rôtissoire profonde. Saupoudrer la poitrine d'oignon, de sel, de poivre et d'ail en poudre. Verser la sauce chili sur la poitrine. Couvrir hermétiquement et cuire à four lent (325 degrés F.) pendant 3 heures. Verser la bière sur la poitrine.

Placer la poitrine sur un grand plat de service et entourer d'Amandine de Riz Sauvage. Garnir de tomates tranchées et de persil. Trancher la poitrine très finement et servir avec du liquide de cuisson chaud.

32. Canard rôti à la bière

Rendement : 4 portions

Ingrédient

- $1\frac{3}{4}$ cuillère à soupe de sel

- cuillère à café de poivre de Sichuan

- Livres de canard

- 1 canette de bière ; tout type, 12 oz

Mélanger le sel et les grains de poivre dans une petite poêle et faire griller à feu doux pendant environ 5 minutes ou jusqu'à ce que le sel soit légèrement doré et que les grains de poivre fument légèrement. Remuer.

Laisser le canard pendre pendant 6 à 8 heures ou jusqu'à ce que la peau soit sèche. Tapisser une rôtissoire de papier d'aluminium pour refléter la chaleur. Placer le magret de canard vers le bas et verser ⅓ de la bière sur elle lentement pendant que vous la frottez dans la peau. Retournez le canard et versez et frottez le reste de la bière sur la poitrine, les cuisses, les cuisses et les ailes.

Rôtir 1h30 à 400 degrés, puis 30 minutes à 425 degrés et enfin encore 30 minutes à 450 degrés.

33. Boulettes de viande à la bière

Rendement : 6 portions

Ingrédient

- 1,00 œuf ; battu

- 1 boîte de cheddar condensé

- 1 tasse de chapelure molle

- $\frac{1}{4}$ cuillère à café de sel

- 1 livre de boeuf haché ou de paleron

- 1 oignon moyen ; tranché mince

- $\frac{1}{2}$ tasse de bière

- $\frac{1}{2}$ cuillère à café d'origan ; séché, écrasé

- Piment de Poivre

- Nouilles cuites ou riz

Dans un petit bol, mélanger l'œuf et $\frac{1}{4}$ tasse de soupe. Incorporer la chapelure.

Placer l'oignon, séparé en rondelles, dans un plat allant au four de 12x7,5x2". Couvrir

Mélanger le reste de la soupe, la bière, l'origan et le poivre. Verser le mélange de soupe sur le mélange. Cuire.

34. Crevettes à la bière et pâtes aux cheveux d'ange

Rendement : 1 portion

Ingrédient

- 1 livre de crevettes, décortiquées et déveinées

- 1   Bouteille (12 oz) de bière légère

- 1 tasse d'oignon tranché verticalement

- $1\frac{1}{2}$ cuillère à café de zeste de citron râpé

- $\frac{1}{2}$ cuillère à café de sel

- $\frac{1}{4}$ cuillère à café de poivre noir

- 1 Gousse d'ail, émincée

- 2 cuillères à soupe d'huile d'olive extra vierge

- 2 cuillères à soupe de jus de citron

- 4 tasses de pâtes cheveux d'ange cuites chaudes

- Persil frais haché

Porter la bière à ébullition dans un faitout, à feu vif. Ajouter les crevettes; couvrir et cuire 2 minutes. Retirer les crevettes avec une écumoire; réserver et garder au chaud. Ajouter l'oignon et les cinq ingrédients suivants à la poêle; porter à ébullition.

Cuire, à découvert, 4 minutes

Retirer du feu; ajouter graduellement l'huile et le jus de citron, en remuant constamment avec un fouet métallique. Ajouter les pâtes ; bien mélanger.

35. Poisson à la bière allemande

Rendement : 1 portion

Ingrédient

- 1 Carpe entière

- 2 cuillères à soupe de beurre

- 1 oignon moyen, haché

- 1 Branche de céleri, hachée

- $\frac{1}{2}$ cuillère à café de sel et 6 grains de poivre

- 3 Clous de girofle

- 4 tranches   Citron

- 1 feuille de laurier

- 1 bouteille de bière

- 6 biscuits au gingembre, écrasés

- 1 cuillère à soupe de sucre persil frais

Faire fondre le beurre dans une poêle. Ajouter l'oignon, le céleri, le sel, les grains de poivre et les clous de girofle et mélanger. Garnir de tranches de citron et de feuille de laurier. Placer le poisson dessus. Ajouter de la bière. Couvrir et laisser mijoter 15-20 minutes,

Mettre les biscuits au gingembre et le sucre dans la poêle, incorporer 1-$\frac{1}{2}$ tasse de liquide filtré.

Garnir le poisson de persil. Passer la sauce pour verser sur le poisson et les pommes de terre bouillies comme plat d'accompagnement.

36. Crevettes à la bière et safran

Rendement : 1 portion

Ingrédient

- 2 livres de crevettes non cuites

- 7 onces de farine ordinaire

- 1 pincée sel de mer/paprika

- 12 Brins de safran; (trempé dans l'eau chaude)

- Ale de 16 onces liquides

- Huile d'olive pour la friture

- 1 quartiers de citron et aïoli

Faire une pâte épaisse avec la bière, l'assaisonnement et la farine et laisser reposer pendant 30 minutes. Il doit avoir la consistance d'une sauce blanche.

Décortiquer les crevettes en laissant la queue et tremper le poisson dans la pâte en secouant l'excédent et faire frire pendant 2 minutes dans de l'huile chaude et égoutter sur du papier absorbant.

Servir avec des quartiers de citron.

37. Soupe à la bière à la cannelle

Rendement : 4 portions

Ingrédient

- 1½ cuillère à soupe (bombe) de farine

- 50 grammes de beurre (3 1/2 cuillères à soupe)

- 1 litre de bière

- 1 petit morceau de cannelle

- Sucre au goût

- 2 jaunes d'oeufs

- $\frac{1}{8}$ de litre de lait (1/2 tasse plus 1/2 cuillère à soupe)

- Pain français blanc grillé

Faire revenir la farine dans le beurre puis ajouter la bière. Ajouter la cannelle et le sucre et porter à ébullition. Fouetter ensemble le jaune d'œuf et le lait et incorporer à la bière chaude (mais plus bouillante). Filtrer et servir avec des tranches de pain grillées.

38. Poisson-chat à la bière

Rendement : 1 portion

Ingrédient

- 3 cuillères à soupe de beurre ou de margarine

- 5 chacun Gousse d'ail, hachée

- 3 chacun Oignons verts, hachés

- 2 chacun Filets de poisson-chat, gros

- ⅓ tasse de farine

- 4 chacun Champignons, gros, tranchés

- 3 onces de bière légère

- ½ chaque citron

- 1 x sauce Worcestershire

- 1 x Riz, blanc

Faire revenir l'ail et l'oignon finement hachés dans du beurre, grésillants

Fariner légèrement le poisson-chat, l'ajouter à la poêle avec les champignons. Verser la bière et traiter les filets avec le jus d'un demi-citron. Ajoutez quelques gouttes de Worcestershire. Faire revenir à feu moyen, en tournant, jusqu'à ce qu'il soit doré des deux côtés

Servir sur des assiettes chaudes avec du riz. Utilisez de la sauce à la poêle sur le riz.

39. Bière le cul de poulet

Rendement : 1 portion

Ingrédient

- Poulet entier

- assaisonnement

- Frotter à sec

Obtenez un poulet. Frotter avec les épices préférées, y compris le paprika et le sel

Obtenez une canette de bière de 16 onces. Buvez environ $\frac{1}{2}$ de la bière.

Mettez le poulet dans la boîte. Placez le poulet sur le gril.

Fumer à environ 275 ou plus, jusqu'à ce que les pilons tournent facilement. Généralement environ 5 ou 6 heures

40. Carottes à la bière

Rendement : 4 portions

Ingrédient

- 4 carottes chacune ; grande

- 1 cuillère à soupe de beurre

- 1 tasse de bière brune ; n'importe quelle marque

- $\frac{1}{4}$ cuillère à café de sel

- 1 cuillère à café de sucre

Épluchez et coupez les carottes en tranches longues et fines. Faire fondre le beurre dans une poêle à frire de taille moyenne; ajouter la bière et les carottes.

Cuire lentement jusqu'à tendreté, en remuant fréquemment. Incorporer le sel et le sucre. Cuire encore 2 minutes et servir chaud.

41. Burgers à la bière au four

Rendement : 6 portions

Ingrédient

- 2 livres de boeuf haché

- Piment Poivre

- 1 cuillère à café de sauce Tabasco

- 1 Gousse d'ail, écrasée

- ⅓ tasse de sauce chili

- ½ paquet Mélange de soupe à l'oignon sec

- $\frac{1}{2}$ tasse de bière

Préchauffer le four à 400'F.

Mélanger la viande, le poivre, la sauce Tabasco, l'ail, la sauce chili, le mélange de soupe à l'oignon sec et $\frac{1}{4}$ tasse de bière. Façonner en 6 galettes.

Cuire au four à 400'F jusqu'à ce que brun, environ 10 minutes. Arroser avec le remaining de tasse de bière restant.

Continuer la cuisson pendant 10 à 15 minutes supplémentaires, jusqu'à ce qu'elles soient bien cuites.

42. Sandwichs rôtis à la bière

Rendement : 3 portions

Ingrédient

- 4 livres de rôti de bœuf désossé

- 1 petite bouteille de ketchup

- 1 canette de bière

- Sel au goût

- Poivre à goûter

- Ail au goût

Placer le rôti dans un rôtissoire en verre ou émaillé. Saupoudrer d'assaisonnements. Versez de la bière et du ketchup. Couvrir et placer dans un four à 350 degrés pendant 1 heure ou plus, jusqu'à tendreté.

Trancher finement sur un pain à sandwich chaud, verser la sauce sur la viande. Servir chaud.

SOUPES & RAGOTS INFUSÉS

43. Soupe à la crème de bière

Rendement : 4 portions

Ingrédient

- Bouteilles de bière de 12 onces (1 brune et 2 claires)

- 1 cuillère à soupe de sucre

- $\frac{1}{2}$ cuillère à café de poivre blanc

- $\frac{1}{4}$ cuillère à café Chaque cannelle et sel

- cuillère à café de muscade

- 3 Oeufs, séparés

- ½ tasse de crème épaisse

Verser la bière dans une casserole, incorporer le sucre et les épices et porter à ébullition. Battez les jaunes d'œufs dans la crème, ajoutez un peu de bière chaude au mélange, battez bien et versez le mélange dans le reste de la bière en battant constamment avec un fouet à fil à feu très doux pour éviter le caillage. Réfrigérer jusqu'à ce qu'il soit froid.

Au moment de servir, battre les blancs d'œufs jusqu'à ce qu'ils soient fermes mais pas secs et les incorporer à la soupe.

44. Soupe à la bière à l'oignon et à l'ail

Rendement : 1 portion

Ingrédient

- 4 livres d'oignons; (environ 10), tranché

- 4 grosses gousses d'ail; haché

- 2 cuillères à soupe d'huile d'olive

- Une bouteille de bière (12 onces) (pas foncée)

- $5\frac{1}{4}$ tasse de bouillon de boeuf

- 2 cuillères à soupe de sucre

- 2 cuillères à soupe de beurre non salé

- 4 tranches   Pain de seigle d'un jour; croûtes jetées

- Parmesan fraîchement râpé

Dans une casserole à fond épais, cuire les oignons et l'ail dans l'huile à feu modéré, en remuant de temps en temps, jusqu'à ce que le mélange soit doré.

Incorporer la bière et le bouillon; laisser mijoter le mélange, couvert, pendant 45 minutes, et incorporer le sucre et le sel et le poivre au goût. Pendant que la soupe mijote, dans une poêle à fond épais, faites fondre le beurre à feu modéré, ajoutez les cubes de pain et faites-les cuire en remuant jusqu'à ce qu'ils soient dorés.

Répartir la soupe dans 6 bols et garnir de parmesan et de croûtons.

45. Soupe à la bière bacon et cheddar

Rendement : 33 portions

Ingrédient

- 6 onces d'huile végétale

- $1\frac{1}{2}$ livres d'oignons ; hachées grossièrement

- $1\frac{1}{4}$ livres de pommes de terre ; en dés

- 1 livre de carottes ; en dés

- 1 livre de céleri ; découpé en tranches

- 1 boîte de sauce au fromage bacon et cheddar

- 2 tasses de bière

- 1 litre de bouillon de poulet

- 1 $\frac{1}{4}$ livres de légumes mélangés; congelé

- $\frac{1}{2}$ cuillère à café de paprika

- $\frac{1}{2}$ cuillère à café de poivre blanc

- $\frac{1}{4}$ cuillère à café d'arôme de fumée liquide

- 2 cuillères à soupe de persil ; haché

Mettre l'huile végétale dans une grande marmite. Ajouter les oignons, les pommes de terre, les carottes et le céleri; faire sauter de 25 à 30 minutes ou jusqu'à ce que les légumes soient cuits.

Ajouter les ingrédients restants. Bien mélanger. Laisser mijoter 20 minutes à feu doux en remuant de temps en temps. Servir chaud.

46. Soupe à l'oignon à la bière bavaroise

Rendement : 6 portions

Ingrédient

- 1 feuille de laurier

- ½ cuillère à café de basilic séché/ thym/ origan

- ½ cuillère à café de graines de fenouil

- ½ cuillère à café de muscade moulue

- ¼ tasse de grains de poivre noir

- 5 Oignons; tranché 1/4" d'épaisseur

- 1 cuillère à café d'ail; écrasé

- 3 cuillères à soupe de beurre

- 1½ tasse de bière Pilsner

- ½ cuillère à soupe d'assaisonnement Maggi

- 4 cuillères à soupe

Mélanger la feuille de laurier, le basilic, le thym, l'origan, les graines de fenouil, la muscade et les grains de poivre dans un morceau d'étamine et l'attacher avec une ficelle.

Faire revenir les oignons et l'ail dans le beurre jusqu'à ce qu'ils soient dorés

Transférer dans une casserole et ajouter l'eau et la bière. Porter à ébullition. Ajouter le sachet d'épices, l'Assaisonnement Maggi et la base de bœuf.

Laisser mijoter lentement pendant 30 minutes

47. Ragoût de bière belge

Rendement : 1 portion

Ingrédient

- 3 livres de rôti de mandrin

- 1 jarret de jambon fumé

- ½ tasse d'huile

- 1 gros oignon ; émincé

- 3 cuillères à soupe de farine

- Bière

- 1 tasse de bouillon de boeuf

- ½ cuillère à café de poivre noir

- 2 cuillères à café de sucre

- 2 cuillères à soupe de flocons de persil

- 1 pincée de marjolaine & 1 pincée de thym

- 1 gousse d'ail; haché fin

- 4 Carottes; coupé en morceaux de 1"

- $\frac{3}{4}$ tasse de noix

- 2 cuillères à soupe de vinaigre de vin rouge

- 2 cuillères à soupe de whisky écossais

Faire revenir le boeuf et le jambon dans l'huile dans une grande poêle

Tamiser la farine dans l'huile pour obtenir un roux brun clair. Ajouter petit à petit le boeuf

Ajouter d'autres ingrédients. Couvrir et cuire 2h30

48. Soupe de brocoli au fromage à la bière

Rendement : 10 portions

Ingrédient

- 4 tasses d'eau

- 1 Oignon, petit; haché

- 1 livre de brocoli, frais

- 1 once de bouillon de bœuf; granulés

- $\frac{3}{4}$ tasse de margarine

- $1\frac{1}{2}$ tasse de farine

- cuillère à café d'ail en poudre

- ¼ cuillère à café de poivre blanc

- Cayenne; goûter

- 2 livres de cheddar; en cubes

- 4 tasses de lait

- 2 onces de bière

Porter l'eau et l'oignon à ébullition dans une grande marmite. Ajouter l'assaisonnement et la moitié du brocoli. Porter à nouveau à ébullition. Ajouter la base de soupe et baisser le feu. Dans une casserole à part, faire un roux.

Lorsque le roux épaissit, incorporez-le progressivement à la soupe en fouettant avec un fouet métallique pour éviter les grumeaux. Chauffer le lait et le fromage juste en dessous du point d'ébullition jusqu'à ce que le fromage fonde, en remuant constamment.

Incorporer à la soupe et ajouter le brocoli restant. Juste avant de servir, ajoutez la bière. Bien mélanger.

49. Soupe à la bière du bord de mer

Rendement : 6 portions

Ingrédient

- 1 tasse de soupe aux tomates condensée

- 1 tasse de soupe aux pois verts condensée

- 12 onces de bière Great Western

- $\frac{1}{4}$ cuillère à café de sel d'ail

- 1 tasse de petites crevettes

- 1 tasse Moitié-moitié ou crème

Placer les soupes condensées dans une casserole; incorporer la bière. Ajouter le sel d'ail.

Chauffer à ébullition, en remuant jusqu'à consistance lisse

Laisser mijoter 3 à 4 minutes.

Juste avant de servir, ajoutez les crevettes non égouttées et moitié-moitié. Chauffer à la température de service; ne pas bouillir.

50. Biersuppe (soupe à la bière) & babeurre

Rendement : 1 recette

Ingrédient

- 2 tasses de lait sucré

- 2 cuillères à café de fécule de maïs

- ½ tasse) de sucre

- 3 Jaunes d'œuf

- 3 Blancs d'oeufs

- 2 tasses Bière

Ébouillanter le lait. Mélanger la fécule de maïs et le sucre, ajouter les jaunes d'œufs battus et bien mélanger avant de mélanger lentement dans le lait.

Dans une poêle séparée, ébouillanter la bière. Mélanger avec le mélange de lait. Aux blancs battus, ajoutez 1 cuillère à soupe de sucre et entasser par cuillères à soupe sur le dessus de la soupe.

CONCLUSION

Les mérites de la cuisine et de l'infusion de bière
vont bien au-delà de l'ouverture d'une bière froide
après une longue journée. Les infusions de toutes
les nuances peuvent également être utilisées en
cuisine...

Cela vaut vraiment la peine de prendre le temps et
les efforts pour faire correspondre la bière avec la
nourriture. Le même principe s'applique lorsque
vous utilisez du vin pour ajouter du corps et de la
saveur aux plats, et la bière est (généralement)
moins chère que le vin. Comme la bière est si
complexe, vous devez utiliser différentes nuances
et styles pour des recettes appropriées, et ce livre
vous a fourni des idées pour commencer !

LE GUIDE COMPLET POUR INFUSER LA NOURRITURE ET LA BIÈRE

50 INDULGENTS & ROBUSTE RECETTES

ESME PENELOPE

TABLE OF CONTENTS

INTRODUCTION

Les bières avec leur goût sucré, grillé, malté ou de noisette peuvent ajouter de la profondeur aux plats du petit-déjeuner aux collations, en passant par les desserts et les plats principaux. . Et ne vous inquiétez pas de vous saouler - pratiquement tout l'alcool s'évapore pendant le processus de cuisson. Ces plats amèneront vos invités à se demander quel est l'ingrédient secret (et à revenir pour plus !).

Différentes bières se marient bien avec différents aliments, il est donc important d'apprendre les différences de goût avant d'aller en cuisine. La bière peut être divisée en deux groupes principaux : les ales et les lagers. La bière, la bière originale, est brassée de manière à produire des saveurs fruitées et terreuses. Les bières blondes utilisent des systèmes de brassage plus modernes pour être plus légères et plus sèches. Chaque type de bière a une saveur distinctement différente qui se marie bien avec certains aliments. Ci-dessous, vous trouverez une ventilation de plusieurs types courants et quelques recettes qui utilisent chacun d'eux.

Bières de blé

Les bières de blé sont pâles, souvent non filtrées (donc troubles), et ont des saveurs fruitées, moelleuses et croquantes, bien assorties aux salades et au poisson.

Pale Ale et Bitter

Son croquant coupe magnifiquement les viandes riches et grasses comme le gibier. La bière blonde est plus forte, avec une carbonatation plus vivifiante, et se marie bien avec tout, du pain et du fromage au fish and chips.

Porter

Elle est moins grillée que la stout et moins amère que la pale ale, et elle relève particulièrement bien les saveurs des ragoûts.

bière

La Stout fait ressortir les saveurs de tout, des crustacés aux ragoûts. En raison de ses notes distinctes de café et de chocolat, il est également parfait pour se fondre dans de riches desserts.

BIÈRES MAISON

51. Bière à la banane

Rendement : 35 verres

Ingrédient

- 5 bananes mûres ; en purée

- 5 oranges ; jus de

- 5 citrons ; jus de

- 5 tasses d'eau sucrée

Mélanger et congeler. Remplir un grand verre⅓ rempli (ou plus) de mélange congelé et ajoutez 7-Up, Sprite, Ginger ale, etc.

52. Bière de blé d'Alcatraz

Rendement : 1 portion

Ingrédient

- 3 livres d'extrait de blé séché

- 2 livres de malt de blé

- 1 livre de malt d'orge

- 1 livre d'extrait de malt séché

- $2\frac{1}{2}$ onces Houblon de capot

- Levure de bière de blé Wyeast

Préparez un levain deux jours à l'avance. Écrasez les trois livres de malt à la Miller. Faire bouillir pendant une heure, en ajoutant 1-$\frac{1}{2}$ once de houblon au début, $\frac{1}{2}$ once à 30 minutes et $\frac{1}{2}$ once à 5 minutes. Refroidir et lancer la levure.

Fermenter. Bouteille. J'ai amorcé la moitié du lot (5 gal) avec $\frac{1}{3}$ tasse de sucre de maïs et l'autre moitié avec $\frac{1}{2}$ tasse de miel de trèfle. Après deux semaines, la bière était excellente. La bière apprêtée avec du miel, cependant, était beaucoup trop gazeuse.

53. A & w root beer

Rendement : 1 portion

Ingrédient

- $\frac{3}{4}$ tasse de sucre

- $\frac{3}{4}$ tasse d'eau chaude

- 1 litre d'eau de Seltz froide

- $\frac{1}{2}$ cuillère à café de concentré de Root beer

- $\frac{1}{8}$ cuillère à café de concentré de Root beer

Dissoudre le sucre dans l'eau chaude. Ajouter le concentré de root beer et laisser refroidir.

Mélanger le mélange de root beer avec l'eau de Seltz froide, boire immédiatement ou conserver au réfrigérateur dans un récipient hermétiquement couvert.

54. Bière à l'ail

Rendement : 1 portion

Ingrédient

- $\frac{1}{2}$ livre d'extrait de malt pâle

- 4 gros bulbes d'ail pelés et nettoyés

- 1 once de houblon Northern Brewer

- Ale de Londres

Séparez et épluchez les gousses de quatre bulbes d'ail entiers et marquez légèrement la surface des gousses d'ail pour augmenter la surface pendant l'ébullition.

Ajouter l'extrait, la moitié de l'ail et $\frac{1}{2}$ once de houblon. ébullition totale de 60 minutes

Après l'ébullition, refroidissez le moût et filtrez le moût refroidi dans un primaire de 6-$\frac{1}{2}$ gallons. Après trois jours de fermentation vigoureuse dans 6$\frac{1}{2}$ gallons

55. Bière commune de Californie

Rendement : 1 portion

Ingrédient

- $3\frac{1}{8}$ livres Superbrau Plain Light

- 3 livres Briess Gold DME

- $\frac{1}{2}$ livres de malt cristal -- broyé

- $\frac{1}{4}$ livres d'orge maltée

- $1\frac{1}{2}$ once de houblon de brasserie du Nord

- $\frac{1}{2}$ once Houblon en cascade - 5 dernières minutes

- 1 paquet Wyeast 2112 ou 1 Amsterdam Lager

- 4 onces de sucre d'amorçage

Mettez l'orge maltée sur une plaque à biscuits à 350 degrés pendant 10 min. Retirer et écraser légèrement avec un rouleau à pâtisserie. Mettre les grains écrasés dans un sac en mousseline, mettre dans 1 gallon d'eau froide et porter à ébullition. Retirez les grains. Retirez la casserole du feu, ajoutez le sirop et le DME et remuez jusqu'à dissolution.

Remettre sur le feu et ajouter $1\frac{1}{2}$ onces de houblon de brasserie du nord et faire bouillir pendant 30-45 minutes. Ajouter $\frac{1}{2}$ once de houblon en cascade pour les 5 dernières minutes d'ébullition. Ajouter à 4 gallons d'eau froide.

56. Bière de racine de six heures

Rendement : 1 portion

Ingrédient

- 2 tasses de sucre

- 1 cuillère à café de levure

- 2 cuillères à soupe d'extrait de racinette

Mettez les ingrédients dans une cruche d'un gallon avec environ un litre d'eau très chaude. Remuer jusqu'à ce que les ingrédients soient bien mélangés.

Finissez de remplir la carafe d'eau tiède. Laisser reposer six heures (il suffit de poser le couvercle dessus, ne pas visser). Au bout des six heures, visser le couvercle et réfrigérer.

57. Bière Maerzen

Rendement : 54 portions

Ingrédient

- 4 livres Malt pâle

- 3 livres d'extrait sec léger

- ½ livres de malt cristal (40L)

- 2 onces de malt au chocolat

- ½ livres de malt grillé

- ½ livre de malt de Munich

- 2 onces de malt de dextrine

- 2½ onces de houblon Tettnanger (4,2 alpha)

- ½ once   Houblon en cascade (5.0 alpha)

- 3 cuillères à café   Gypse

- Levure lager sèche Vierka

Préparer le levain 2 jours avant

Ajouter 8 pintes d'eau bouillante et chauffer à 154 degrés. Réglez pendant au moins 30 minutes. Porter à 170 degrés pendant 5 minutes pour la purée. Arrosez avec 2 gallons d'eau. Ajouter l'extrait sec, porter à ébullition. Faire bouillir 15 minutes et ajouter une once de Tettnanger. Faire bouillir une heure. Ajouter 1 once de Tettnanger à 30 minutes. Ajouter ½ once de Tettnanger et ½ once de Cascade à 5 minutes. Filtrer et refroidir.

58. Bière de campagne

Rendement : 1 portion

Ingrédient

- 1 Pick du bon son de blé

- 3 Une poignée de houblon

- 2 litres de mélasse

- 2 cuillères à soupe de levure

- 10 gallons d'eau

Mettez le son et le houblon dans l'eau et faites
bouillir jusqu'à ce que le son et le houblon coulent

au fond. Passer à travers un linge fin dans une glacière.

Quand il est à peu près tiède, ajoutez la mélasse. Dès que la mélasse est dissoute, versez le tout dans un fût de 10 gallons et ajoutez la levure.

Lorsque la fermentation est terminée, bouchez le fût et il sera prêt en 4 à 5 jours.

59. Bière aux canneberges

Rendement : 1 portion

Ingrédient

- 6 livres Extrait de malt sec extra léger

- 1 livre de malt de Munich

- 1 once de Fuggles bouillant

- 3 Sacs de canneberges surgelées

- 1 once de Fuggles comme houblon de finition

- Levure

Décongeler les baies et mélanger avec suffisamment d'eau pour faire un peu plus de 2 litres de neige fondante.

Pendant ce temps, préparez une infusion d'extrait normale en utilisant le malt de Munich comme grain de spécialité.

À la fin de l'heure d'ébullition, mettez le houblon de finition et versez le liquide de canneberge pendant une ou deux minutes en éteignant le feu.

Bouteille après une semaine

60. Cordial à la bière de gingembre

Rendement : 1 portion

Ingrédient

- 2 onces de racine de gingembre, pelée et hachée

- 1 livre de sucre granulé

- $\frac{1}{2}$ once d'acide tartrique

- Jus de 1 citron

- 1 citron, tranché

Mettez le gingembre, le sucre, l'acide tartrique et le citron dans un bol et couvrez avec 1 gallon d'eau bouillante. Remuer jusqu'à ce que le sucre soit dissous.

Laissez agir environ trois ou quatre jours, puis filtrez et versez le liquide dans des bouteilles stérilisées. Il sera prêt et vraiment délicieux à boire au bout de quelques jours seulement et se diluera très facilement avec de l'eau plate ou gazeuse.

61. Refroidisseur de bière à la tomate

Rendement : 6 portions

Ingrédient

- $1\frac{1}{2}$ tasse de jus de tomate, réfrigéré

- 2 canettes (12 oz chacune) de bière

Garnir:

- oignons verts

- sauce au poivron rouge

- sel et poivre

Mélanger 1½ tasse de jus de tomate, réfrigéré et 2 canettes (12 oz chacune) de bière, réfrigérée. Verser dans des verres réfrigérés. Servir immédiatement avec des oignons verts pour les agitateurs et, si désiré, avec une sauce au poivron rouge, du sel et du poivre.

COCKTAILS À LA BIÈRE

62. Margarita à la bière

Rendement : 1 portion

Ingrédient

- Canette de 6 onces Limeade concentrée congelée

- 6 onces de tequila

- 6 onces de bière

Mélanger les ingrédients dans un mélangeur, ajouter quelques glaçons et mélanger brièvement. Laisser reposer quelques minutes.

Verser le contenu sur de la glace dans un verre à rebord de sel.

63. Chélada classique

Ingrédients

- 12 onces de bière blonde mexicaine

- 1 once (2 cuillères à soupe) de jus de citron vert

- 1 pincée de sel

- Glace, pour servir (essayez de la glace transparente)

- Pour le bord : 1 cuillère à soupe chacun de sel de mer fin et Old Bay

Instructions

Sur une assiette, mélangez le Old Bay et le sel et étalez-le en une couche uniforme. Découpez une encoche dans un quartier de citron vert, puis passez le citron vert sur le bord d'un verre. Tremper le bord du rebord dans une assiette de sel.

Ajouter le jus de citron vert et une pincée de sel dans le verre à bière. Remplissez le verre de glaçons et versez la bière. Remuez doucement et servez.

64. Michelada

Ingrédients

- Bière blonde mexicaine de 12 onces

- 1 $\frac{1}{2}$ once (3 cuillères à soupe) de jus de citron vert

- $\frac{1}{2}$ once (1 cuillère à soupe) de jus de salsa

- 1 cuillère à café de sauce Worcestershire

- 1 cuillère à café de sauce piquante (comme Cholula)

- Glace, pour servir

Instructions

Dans une assiette, mélangez le Old Bay, la poudre de chili et le sel de céleri et étalez-le en une couche uniforme. Découpez une encoche dans un quartier de citron vert, puis passez le citron vert sur le bord d'un verre. Tremper le bord du rebord dans une assiette d'assaisonnements.

Dans le verre, mélanger le jus de citron vert, le jus de salsa (utiliser une passoire à mailles fines pour filtrer le jus de salsa de quelques cuillerées de salsa), la sauce Worcestershire et la sauce piquante.

Remplissez le verre de glaçons. Garnir de bière et remuer doucement.

65. Boisson Velours Noir

Ingrédients

- 3 onces de vin mousseux, comme du champagne ou du Prosecco

- 3 onces de bière stout, comme la Guinness

Instructions

Versez le vin mousseux dans une flûte ou un
highball.

Versez le stout. Remuer avec une cuillère de bar si
désiré, ou laisser reposer pendant environ une
minute pour permettre aux saveurs de se marier

Sers immédiatement.

66. Shandy classique

Ingrédients

- 6 onces de bière blonde ou blonde

- 6 onces de soda au gingembre, bière au gingembre, soda citron-lime (Sprite) ou limonade pétillante

- Pour la garniture : quartier de citron (facultatif)

- Facultatif : 1 trait d'amer ajoute une saveur complexe

Instructions

Ajouter la bière et le mélangeur dans un verre et remuer doucement pour combiner. Décorer avec un coin de citron.

67. Pamplemousse Shandy

Ingrédients

- 1 once de sirop simple

- 3 onces de jus de pamplemousse

- 2 onces d'eau gazeuse

- 6 onces de bière de blé artisanale (ou bière légère)

- Pour la garniture : quartier de pamplemousse (facultatif)

Instructions

Dans un verre à bière, mélanger le sirop simple et le jus de pamplemousse.

Ajouter l'eau gazeuse et la bière et remuer doucement pour combiner. Garnir d'un quartier de pamplemousse et servir.

68. Spritzer Fraise Concombre

Ingrédients:

- Spritzer Stella Artois de 6 onces
- 1 once de gin
- 0,5 oz de liqueur de fleur de sureau
- 2 tranches de concombre
- 2 fraises

Les directions:

Dans un shaker, bien écraser les tranches de concombre et les fraises. Ajouter le gin, la liqueur de fleur de sureau et secouer sur de la glace.

Filtrer dans un verre. Ajouter Stella Artois Spritzer.

Garnir d'une brochette de ruban de concombre et d'une tranche de fraise.

69. Beergarita

Ingrédients:

- 1 once Tequila

- 1 once Crème de pamplemousse Tattersall

- 0,5 onces Jus de citron vert

- 6 onces. Bière légère

Les directions:

Mélanger tous les ingrédients dans un verre sur glace. Garnir d'un quartier de lime.

Bordure de sel en option

70. Bacardi Lime Shot avec Bière

Ingrédients:

- 12 parts de bière

- 1 part de citron vert Bacardi

Les directions:

Verser la bière dans un verre. Versez le rhum
BACARDÍ Lime aromatisé dans un verre à shot puis
versez dans la bière.

71. Fidelito

Ingrédients:

- 12 onces Modèle noir
- 1 ½ once Tequila Casa Noble Reposado
- ½ once Tasse N°1 PIMM'S THE ORIGINAL
- 1 once jus de citron vert
- 1 once sirop de vanille
- 2 traits d'amers
- Feuilles de menthe

Les directions:

Mélanger tous les ingrédients dans un shaker avec de la glace, à l'exception du Modelo Negra et des feuilles de menthe.

Secouez et versez sur de la glace. Top avec Modelo Negra.

Servir la bière restante avec le cocktail. Garnir de feuilles de menthe.

72. Beermosa

Ingrédients:

- 6 onces de bière de blé
- 2 onces de cava
- 2 onces de jus de pamplemousse frais pressé

Les directions:

Mélangez la bière et le cava, insérez le jus de pamplemousse et mélangez.

73. Chaudronnier du soleil

Ingrédients:

- 1 boîte de bière blonde
- 1,5 once de bourbon
- Glace Pétillante Citron Lime
- Citron (garniture)

Les directions:

Dans un verre à pinte, verser la bière en biais pour éliminer la tête. Ajouter 1,5 onces. de bourbon. Garnir de Glace Pétillante Citron Lime. Garnir d'un quartier de citron.

74. Cinq

Ingrédients:

- 12 onces Modèle noir
- 1 once tequila reposado infusée aux jalapenos
- 1 once Liqueur du Chili
- 1 once jus de citron vert frais
- $\frac{1}{2}$ once agave
- Sel de piment épicé
- Roue de chaux

Les directions:

Garnir un verre highball de sel de piment épicé.
Ajouter la tequila, la liqueur du Chili, le citron vert
frais et l'agave dans un shaker.

Agiter et filtrer sur de la glace fraîche. Complétez
avec de la bière. Servir le Modelo Negra restant
avec le cocktail.

Garnir d'un rebord de sel de piment épicé et d'une
roue de lime.

DESSERTS

75. Fudge à la bière et à la choucroute

Rendement : 10 portions

Ingrédient

- ⅔ tasse de beurre

- 1½ tasse de sucre

- 3 oeufs

- 1 cuillère à café de vanille

- ½ tasse de cacao

- $2\frac{1}{4}$ tasse de farine tamisée

- 1 cuillère à café de levure chimique

- 1 cuillère à café de soda

- 1 tasse de bière

- ⅔ tasse de choucroute

- 1 tasse de raisins secs

- 1 tasse de noix hachées

Mélangez le tout.

Transformer en deux moules à gâteau graissés et farinés de 8 ou 9 pouces. Cuire à 350 pendant 35 minutes. Refroidir et glacer à volonté.

76. Biscuits à la bière

Rendement : 4 portions

Ingrédient

- 2 tasses de farine non blanchie

- 3 cuillères à café de levure chimique

- 1 cuillère à café de sel

- $\frac{1}{4}$ tasse de shortening

- $\frac{3}{4}$ tasse de bière

Préchauffer le four à 450 degrés F. Tamiser les ingrédients secs ensemble. Couper le shortening jusqu'à ce qu'il ait la consistance de la semoule de maïs.

Incorporer la bière, pétrir légèrement et étaler à $\frac{1}{2}$ pouce d'épaisseur. Cuire au four de 10 à 12 minutes ou jusqu'à ce qu'ils soient dorés.

77. Gâteau à la bière aux épices

Rendement : 12 portions

Ingrédient

- 3 tasses de farine

- 2 cuillères à café de bicarbonate de soude

- $\frac{1}{2}$ cuillère à café de sel

- 1 cuillère à café de cannelle

- $\frac{1}{2}$ cuillère à café de piment de la Jamaïque

- $\frac{1}{2}$ cuillère à café de clous de girofle

- 2 tasses de cassonade, tassée

- 2 œufs battus

- 1 tasse de shortening

- 1 tasse de raisins secs ou de dattes hachées

- 1 tasse de pacanes/noix hachées

- 2 tasses de bière

Tamiser ensemble les ingrédients secs. Crémer ensemble le shortening et le sucre; ajouter des oeufs.

Mélanger les fruits et les noix avec 2 cuillères à soupe du mélange de farine. Ajouter le mélange de farine en alternance avec la bière. Incorporer les fruits et les noix.

Verser dans un moule à tube de 10 pouces graissé et fariné et cuire au four à 350F pendant 1 heure, ou jusqu'à ce que les tests de gâteau soient terminés.

78. Soupe au fromage à la bière avec pop-corn

Rendement : 7 portions

Ingrédient

- $\frac{1}{4}$ tasse de margarine

- 1 tasse d'oignon ; haché

- $\frac{1}{2}$ tasse de céleri ; haché

- $\frac{1}{2}$ tasse de carottes ; haché

- $\frac{1}{4}$ tasse de persil frais; haché

- 2 Gousses d'ail; haché

- $\frac{1}{4}$ tasse de farine

- 3 cuillères à café de moutarde sèche

- Poivre à goûter

- 2 tasses moitié-moitié

- 1 tasse de bouillon de poulet

- $2\frac{1}{2}$ tasse de fromage américain

- 12 onces de bière

- 2 tasses de maïs soufflé ; a sauté

Faire fondre la margarine dans une grande casserole ou un faitout à feu moyen. Ajouter le tout

Cuire à découvert à feu moyen 10-15 minutes ou jusqu'à ce que la soupe soit épaissie et bien chauffée

79. Pommes farcies cuites à la bière

Rendement : 6 portions

Ingrédient

- 6 moyennes pommes à cuire

- $\frac{1}{2}$ tasse de raisins secs

- $\frac{1}{2}$ tasse de cassonade emballée

- 1 cuillère à café de cannelle

- 1 tasse de bière Great Western

Noyau de pommes

Retirez une bande de 1 pouce de peau autour du dessus.

Mélanger les raisins secs, la cassonade et la cannelle. Remplir les centres des pommes

Placer les pommes dans un plat allant au four. Versez la Great Western Beer dessus.

Cuire au four à 350 degrés F pendant 40 à 45 minutes, ou jusqu'à tendreté, en arrosant de temps en temps.

80. Cheesecake au cheddar et à la bière

Rendement : 16 portions

Ingrédient

- $1\frac{1}{4}$ tasse de chapelure de biscuits Gingersnap

- 1 tasse Plus 2 cuillères à soupe de sucre, divisé

- 1 cuillère à café de gingembre moulu

- $\frac{1}{4}$ tasse de beurre non salé ou de margarine,

- 24 onces de fromage à la crème

- 1 tasse de fromage cheddar fort râpé

- 5 grands Oeufs, à température ambiante

- $\frac{1}{4}$ tasse de bière sans alcool

- $\frac{1}{4}$ tasse de crème épaisse

Mélanger les miettes de biscuits, 2 cuillères à soupe de sucre, le gingembre et le beurre. Presser fermement au fond du moule préparé. Réfrigérer pendant la préparation de la garniture.

Battre les deux fromages jusqu'à consistance lisse. Ajouter le sucre, les œufs, un à la fois, en battant juste jusqu'à ce que chacun soit combiné. A basse vitesse, incorporez la bière et la crème épaisse. Verser dans le moule préparé.

Cuire au four pendant 1 h 30 ou jusqu'à ce que le centre soit pris et que le dessus soit légèrement doré, mais ne dore pas.

81. Bière aux fruits britannique

Rendement : 1 portion

Ingrédient

- 3⅓ kilos de malt ambré

- 2 livres de bière ambrée M&F

- 1 livre de malt crustal, broyé

- 2 onces de houblon de brasserie du Nord

- 1 once   Houblon Fuggles

- 4 livres de bleuets, framboises ou

- 1 paquet de levure de bière EDME

- 4 onces Sucre d'amorçage

Mettez les grains écrasés dans un sac en mousseline et placez-les dans 1 gallon d'eau froide. Porter à ébullition, retirer les grains.

Retirer la casserole du feu et ajouter le sirop et le DME. Remuer jusqu'à dissolution. Remettre la casserole sur le feu et ajouter 2 oz de houblon de brasserie du Nord. Faire bouillir pendant 30-45 minutes. Ajouter le houblon aux figgles pour les 5 dernières minutes d'ébullition. Ajoutez des fruits au moût lorsque l'ébullition est terminée.

Laisser infuser pendant $\frac{1}{2}$ heure et ajouter 4 gallons d'eau froide.

82. Pain de base à la bière

Rendement : 1 portion

Ingrédient

- 3 tasses de farine

- $3\frac{3}{4}$ cuillère à café de levure chimique

- $2\frac{1}{4}$ cuillère à café de sel

- 1 canette de bière

- 1 cuillère à soupe de miel

Graisser le moule à pain. Mélanger la farine, la poudre à pâte, le sel, la bière et le miel dans un grand bol, mélanger jusqu'à ce que le tout soit bien mélangé.

Cuire au four préchauffé à 350 F pendant 45 minutes. Allumez la grille et laissez refroidir.

83. Muffins à la bière et au fromage

Rendement : 6 portions

Ingrédient

- 1 tasse de farine tout usage

- $\frac{3}{4}$ tasse de fromage cheddar faible en gras

- 4 cuillères à café de sucre

- $1\frac{1}{4}$ cuillère à café de levure chimique

- cuillère à café de bicarbonate de soude

- $\frac{1}{4}$ cuillère à café de sel

- $\frac{2}{3}$ tasse de bière

- 1 œuf battu

Chauffer le four à 375F

Vaporiser 6 moules à muffins avec un aérosol de cuisson antiadhésif.

Verser légèrement la farine dans une tasse à mesurer; se stabiliser. Dans un bol, mélanger la farine, le fromage, le sucre, la poudre à pâte, le bicarbonate de soude et le sel; bien mélanger. Ajouter la bière et l'œuf; remuer jusqu'à ce que les ingrédients secs soient humidifiés. Répartir la pâte uniformément dans des moules à muffins vaporisés, en remplissant chacun environ aux $\frac{3}{4}$.

Cuire au four à 375F pendant 17 à 22 minutes ou jusqu'à ce qu'ils soient dorés et qu'un cure-dent inséré au centre en ressorte propre. Servir tiède ou à température ambiante.

84. Pain à la bière à l'aneth

Rendement : 12 portions

Ingrédient

- 3 tasses de farine

- 1 cuillère à soupe de sucre

- $1\frac{1}{2}$ cuillère à soupe de levure chimique

- $\frac{1}{4}$ cuillère à café de sel

- 12 onces de bière

- 3 cuillères à soupe d'aneth frais

Préchauffer le four à 375 degrés. Beurrer un moule à pain ou vaporiser d'huile végétale en aérosol. Tamisez la farine, le sucre, la levure chimique et le sel dans un saladier. Incorporer la bière et l'aneth. Grattez la pâte dans le moule à pain préparé et faites cuire au centre du four pendant 55 à 60 minutes, ou jusqu'à ce que le dessus soit doré et qu'un couteau inséré au centre en ressorte propre.

Laisser reposer 10 minutes dans le moule, puis refroidir sur une grille.

COLLATIONS

85. Noix de bière

Rendement : 1 portion

Ingrédient

- 2 tasses d'arachides crues (avec la peau)

- 1 tasse de SUCRE

- $\frac{1}{2}$ tasse d'EAU

- Quelques gouttes de colorant alimentaire ROUGE

Mélanger - Cuire dans une poêle à feu moyen jusqu'à ce qu'il n'y ait plus d'eau (environ 10-15 min) Étaler sur une plaque à pâtisserie Cuire 1 heure à 250

86. Asperges frites à la bière

Rendement : 1 portion

Ingrédient

- 1 chacun À 2 livres d'asperges

- 1 tasse de farine

- 1 canette de bière

- Sel et poivre

- Poudre d'ail

- Sel assaisonné

- assaisonnement italien, au goût

- Huile d'olive

Mélanger la fleur et les assaisonnements ensemble.
Ajouter la bière pour faire frire les ingrédients en
mélangeant lentement jusqu'à ce qu'ils soient
suffisamment épais pour s'accrocher aux asperges.
Couper les asperges en morceaux de deux pouces
ou les laisser entières.

Faire frire dans deux pouces d'huile d'olive jusqu'à
ce qu'ils soient dorés, en retournant une fois

87. Biscuits au spritz à l'orange

Rendement : 1 portion

Ingrédient

- $2\frac{1}{4}$ tasse de farine

- 1 cuillère à soupe de levure chimique

- $\frac{1}{4}$ cuillère à café de sel

- $\frac{3}{4}$ tasse de beurre

- $\frac{1}{2}$ tasse) de sucre

- 1 oeuf

- 2 cuillères à café de zeste d'orange râpé

- ½ cuillère à café d'extrait d'amande

Mélanger la farine, la poudre à pâte et le sel; mettre de côté.

Crémer le beurre et le sucre jusqu'à consistance légère et mousseuse, incorporer l'œuf, le zeste d'orange et l'extrait d'amande

Ajouter les ingrédients secs et battre jusqu'à ce qu'ils soient combinés.

Ne pas refroidir la pâte.

Emballez la pâte dans la presse à biscuits. Forcer la pâte à travers la presse sur une plaque à pâtisserie non graissée. Si vous le souhaitez, décorez avec du sucre coloré ou des bonbons.

Cuire au four à 400~ pendant 6-8 minutes. Retirer sur des grilles pour refroidir.

88. Crêpes à la bière

Rendement : 4 portions

Ingrédient

- 1¾ tasse de farine tout usage

- 1½ cuillère à café de levure chimique

- ½ cuillère à café de bicarbonate de soude

- ½ cuillère à café de sel

- 1 tasse de cassonade emballée

- ½ tasse de bière

- 1 oeuf

- 3 cuillères à soupe d'huile

- 1 cuillère à soupe de mélasse

- 1 bouteille de bière

- 1 cuillère à soupe de beurre (facultatif)

Mélanger les ingrédients secs. Battre l'œuf avec l'huile et la mélasse. Ajouter aux ingrédients secs avec la bière.

Verser la pâte sur une plaque chauffante chaude et très légèrement graissée

Étendre avec le dos d'une cuillère à $3\frac{1}{2}$ à 4 pouces de diamètre. Cuire jusqu'à ce qu'il soit doré, en retournant une fois.

Pour le sirop, mélanger les ingrédients dans une casserole et faire bouillir pendant quelques minutes.

89. Smokies à la bière et au miel

Rendement : 6 portions

Ingrédient

- 1 livres de liens de fumée miniatures

- 12 onces de bière

- $\frac{1}{2}$ tasse de miel

Brown smokies dans une casserole assez grande pour contenir tous les ingrédients

Verser la bière et le miel sur les smokies et porter
à ébullition. Baisser le feu et couvrir.

Laisser mijoter 15 minutes. Transférer dans un
plat de service et se tenir à l'écart.

90. Rondelles d'oignons à la bière

Rendement : 2 portions

Ingrédient

- 1⅓ tasse de farine tout usage

- 1 cuillère à café de sel

- ¼ cuillère à café de poivre

- 1 cuillère à soupe d'huile

- 2 jaunes d'oeufs

- ¾ tasse de bière

- 2 gros oignons blancs tranchés de 1/4 po d'épaisseur

- Huile pour friture

Mélanger la farine, le sel, le poivre, l'huile et les jaunes ensemble. Incorporer progressivement la bière. Réfrigérer la pâte 3h30 pour qu'elle repose avant de l'utiliser.

Émincer les oignons et les tremper dans la pâte. Faire frire dans l'huile à 375F jusqu'à ce qu'ils soient dorés. Cette pâte fonctionne également bien sur d'autres légumes en plus des rondelles d'oignon - et elle est également excellente sur le poisson.

TREMPETTES, TARTINADES ET ÉPICES

91. Trempette au fromage et à la bière

Rendement : 1 portion

Ingrédient

- 1 tasse de fromage cottage ; petit caillé

- 3 onces de fromage à la crème

- 2 once de jambon diable

- $\frac{1}{4}$ tasse de bière ; Nouveau solstice de Glaris

- $\frac{1}{2}$ cuillère à café de sauce piquante

- 1 trait de sel

- Persil; Pour la garniture

Mettre tous les ingrédients sauf le persil dans un bol à mélanger et battre jusqu'à consistance lisse. Mettre dans un bol et décorer de persil

92. Pâte à la bière tempura

Rendement : 1 portion

Ingrédient

- 1¼ tasse Farine

- 1 cuillère à café de sel

- 1 cuillère à café de poivre noir finement moulu

- ½ cuillère à café de Cayenne

- 1 bière blonde de 12 onces; (du froid)

- Huile végétale pour la friture; (360 degrés F.)

Fouetter rapidement; ne pas trop mélanger !
Laissez les grumeaux et utilisez la pâte
immédiatement.

93. Sauce barbecue allemande

Rendement : 12 portions

Ingrédient

- 2 Bouteilles (14 oz) de ketchup

- 1 Piment en bouteille (12 oz) sauce

- $\frac{1}{2}$ tasse de moutarde préparée

- 1 cuillère à café de moutarde sèche

- 1 cuillère à café de sel

- $1\frac{1}{2}$ tasse Cassonade; fermement emballé

- 2 cuillères à soupe de poivre noir

- 1 bouteille (5 oz) de sauce à steak

- ½ tasse de sauce Worcestershire

- 1 cuillère à soupe de sauce soja

- 1 bouteille (12 onces) de bière

- 2 cuillères à café d'ail haché

Mélanger tous les ingrédients, sauf l'ail, dans une casserole et laisser mijoter 30 minutes à feu moyen. Ajouter l'ail émincé avant utilisation.

Badigeonner la viande pendant les 15 dernières minutes de cuisson.

94. Vadrouille à bière de base

Rendement : 3 portions

Ingrédient

- 12 onces de bière

- $\frac{1}{2}$ tasse de vinaigre de cidre

- $\frac{1}{2}$ tasse d'eau

- $\frac{1}{4}$ tasse d'huile de canola

- $\frac{1}{2}$ oignon moyen, haché

- 2 Gousse d'ail, haché

- 1 cuillère à soupe de sauce Worcestershire

- 1 cuillère à soupe de frottement sec

Mélanger tous les ingrédients dans une casserole. Chauffez la serpillière et utilisez-la tiède.

95. Pâte à la bière pour poisson

Rendement : 6 portions

Ingrédient

- 1 tasse de farine tout usage

- cuillère à café de levure chimique

- $\frac{1}{2}$ cuillère à café de sel

- $\frac{1}{2}$ tasse d'eau

- $\frac{1}{2}$ tasse de bière

- 1 chaque œuf

- Huile végétale pour friture

- 2 livres de filets de poisson

L'une des meilleures recettes de pâte à frire

Dans un bol, mélanger la farine, la poudre à pâte et le sel. Faire un puits au centre; verser l'eau, la bière et l'œuf en fouettant pour obtenir une pâte lisse. Laisser reposer 20 minutes.

Chauffer l'huile dans une grande casserole à 350F

Tremper les filets de poisson dans la pâte, en les ajoutant à l'huile chaude un à la fois. Cuire environ 5 minutes, en retournant une ou deux fois, jusqu'à ce qu'elles soient dorées et croustillantes. Retirer sur une assiette tapissée d'essuie-tout.

96. Bière et edam à tartiner

Rendement : 3 tasses

Ingrédient

- 2 Fromage Edam ronds de 7 onces

- 8 onces de crème sure laitière en carton

- $\frac{1}{4}$ tasse de bière

- 2 cuillères à café de ciboulette ciselée

- ciboulette ciselée

- Craquelins assortis

Amener le fromage à température ambiante. Couper un cercle à partir du haut de chaque rond de fromage, à environ $\frac{1}{2}$ pouce du bord. Retirer le cercle coupé de revêtement de paraffine

Retirez délicatement le fromage en laissant $\frac{1}{2}$ pouce de fromage intact pour former une coquille

Placer la crème sure, la bière, la ciboulette et le fromage dans un mélangeur ou le bol d'un robot culinaire. Couvrir et traiter jusqu'à consistance lisse, en arrêtant la machine de temps en temps pour racler les côtés.

Verser le mélange de fromage dans les coquilles

Couvrir et réfrigérer plusieurs heures ou toute la nuit.

Garnir de ciboulette, si désiré. Servir avec des craquelins.

97. Trempette au fromage et à la bière chili

Rendement : 1 portion

Ingrédient

- 2 tasses de cheddar fort râpé

- $\frac{3}{4}$ tasse de bière (pas foncée)

- 2 tasses Jarlsberg râpé

- $\frac{1}{2}$ tasse de tomates en conserve égouttées

- 2 cuillères à soupe de farine tout usage

- 1 bouteille de piment jalapeño mariné, émincé

- 1 petit oignon ; haché

- Chips tortillas en accompagnement

- 1 cuillère à soupe de beurre non salé

Dans un bol, mélanger les fromages avec la farine et réserver le mélange.

Dans une grande casserole à fond épais, cuire l'oignon dans le beurre à feu modérément doux en remuant jusqu'à ce qu'il ramollisse, ajouter la bière, les tomates et le jalapeño et laisser mijoter le mélange pendant 5 minutes.

Ajouter le mélange de fromage réservé par $\frac{1}{2}$ tasse au mélange de bière, en remuant après chaque ajout jusqu'à ce que les fromages soient fondus, servir la trempette avec les chips. Donne $4\frac{1}{2}$ tasses

98. Sauce de poisson à la bière

Rendement : 1 portion

Ingrédient

- 1 tasse de mayonnaise

- $\frac{1}{4}$ tasse de ketchup

- $\frac{1}{4}$ tasse de bière

- 1 cuillère à soupe de moutarde préparée

- 1 cuillère à soupe de jus de citron

- 1 cuillère à café de raifort préparé

Mélanger tous les ingrédients.

Réfrigérer et servir avec du poisson.

99. Marinade à la bière pour boeuf

Rendement : 8 portions

Ingrédient

- 2 canettes de bière (canettes de 12 oz ou 10 oz)

- 2 cuillères à café de sel

- ½ tasse d'huile d'olive

- 1 cuillère à café de poivre de cayenne moulu

- 1 cuillère à soupe de vinaigre de vin

- 1 cuillère à soupe de raifort préparé

- 1 cuillère à café de poudre d'oignon

- 2 cuillères à soupe de jus de citron

- 1 cuillère à café d'ail en poudre

Mélanger tous les ingrédients ensemble et utiliser comme marinade.

Utilisez ensuite comme sauce à badigeonner la viande pendant la cuisson.

100. salsa à la bière mexicaine

Rendement : 4 portions

Ingrédient

- 4 piments ancho séchés chacun

- 6 grosses tomates mûres

- $\frac{3}{4}$ tasse d'oignons blancs en dés

- 4 gousses d'ail chacune

- 1 cuillère à soupe de gros sel

- $\frac{1}{2}$ cuillère à café de poivre noir

- $\frac{1}{2}$ tasse de bière mexicaine

- ½ tasse de feuilles de coriandre hachées

Préchauffer le four à 400 degrés. Faire tremper les anchos dans de l'eau chaude jusqu'à ce qu'ils soient tendres, environ 10 à 15 minutes. Égoutter l'eau et les piments de tige et de graines. (Utilisez des gants.) Placer les tomates, l'oignon, l'ail et les piments dans une rôtissoire et rôtir au four pendant 20 minutes jusqu'à ce que la peau des tomates se carbonise.

Retirer et placer le tout dans un mélangeur ou un robot culinaire et pulser brièvement jusqu'à ce qu'il soit réduit en purée mais encore en morceaux. Verser dans une casserole et porter à ébullition. Incorporer le sel, le poivre et la bière. Retirer du feu et ajouter la coriandre. Servir chaud. Donne 4 tasses

CONCLUSION

Les mérites de la cuisine et de l'infusion de bière vont bien au-delà de l'ouverture d'une bière froide après une longue journée. Les infusions de toutes les nuances peuvent également être utilisées en cuisine...

Cela vaut vraiment la peine de prendre le temps et les efforts pour faire correspondre la bière avec la nourriture. Le même principe s'applique lorsque vous utilisez du vin pour ajouter du corps et de la saveur aux plats, et la bière est (généralement) moins chère que le vin. Comme la bière est si complexe, vous devez utiliser différentes nuances et styles pour des recettes appropriées, et ce livre vous a fourni des idées pour commencer !